INTELIGENCIA
ARTIFICIAL

- NIVEL BÁSICO -

■ 2020s: Aparecen modelos generativos como ChatGPT y DALL·E, capaces de crear texto, imágenes y música de forma autónoma.

1.2. ⏳ Historia y Evolución de la IA

Aunque la IA parece una tecnología reciente, sus fundamentos teóricos existen desde hace más de 70 años.

📌 Primeras ideas sobre IA

El concepto de crear máquinas inteligentes ha estado presente desde la antigüedad. En la mitología griega, se hablaba de autómatas creados por los dioses. Sin embargo, la idea moderna de la IA comenzó en el siglo XX con los primeros avances en informática y lógica matemática.

◼ **1950**: Alan Turing, uno de los pioneros de la computación, publica su famoso artículo "Computing Machinery and Intelligence", donde plantea la posibilidad de que una máquina pueda pensar. Propone el Test de Turing, un experimento para evaluar la inteligencia de una máquina.

◼ **1956**: Se celebra la Conferencia de Dartmouth, donde el término "Inteligencia Artificial" es utilizado oficialmente por primera vez por John McCarthy. Se inician los primeros intentos de crear programas inteligentes.

◼ **1980s**: El auge de las redes neuronales artificiales y los sistemas expertos permiten que la IA empiece a ser utilizada en empresas.

◼ **1997**: Deep Blue, una IA desarrollada por IBM, vence al campeón mundial de ajedrez Garry Kasparov, demostrando el poder de los algoritmos de búsqueda y toma de decisiones.

◼ **2010s**: Avances en Deep Learning permiten la creación de asistentes virtuales, reconocimiento facial y traducción automática.

■ Empresas como Google y Amazon han aumentado su inversión en IA un 300% en los últimos 5 años.

■ Se estima que la IA generará 12 millones de empleos nuevos para 2030 (Forbes, 2022).

Por estas razones, aprender IA no solo es interesante, sino una habilidad clave para el futuro.

💡 Ejemplo práctico:

Piensa en los asistentes virtuales como Siri o Alexa. Cuando les preguntas el clima, no solo te dan la respuesta porque alguien las programó para eso, sino que también pueden aprender tus hábitos y mejorar sus respuestas con el tiempo.

📌 Tipos de Inteligencia Artificial

La IA se puede clasificar en tres niveles según su capacidad:

- **IA Débil (Narrow AI)**
  - Se especializa en una única tarea.
  - No puede razonar ni entender fuera de su función específica.
  - Ejemplos: motores de recomendación (Netflix, Spotify), asistentes virtuales (Google Assistant).
- **IA Fuerte (General AI)**
  - Es una inteligencia que podría pensar y razonar como un humano.
  - Aún no existe, pero es el objetivo de muchas investigaciones.
  - Un sistema con esta capacidad podría aprender cualquier tarea intelectual sin ser programado específicamente para ello.
- **IA Superinteligente**
  - Un nivel teórico de IA que superaría en inteligencia a los humanos en todos los aspectos.
  - Su desarrollo plantea debates sobre ética y seguridad

■ Introducción a la Inteligencia Artificial

Objetivo del capítulo: En este capítulo exploraremos qué es la Inteligencia Artificial (IA), su evolución histórica, las diferencias entre IA, Machine Learning y Deep Learning, y sus aplicaciones en la vida cotidiana.

1.1. 👤 ¿Qué es la Inteligencia Artificial?

La Inteligencia Artificial (IA) es una rama de la informática que busca desarrollar sistemas capaces de realizar tareas que normalmente requieren inteligencia humana. Estas tareas pueden incluir el reconocimiento de voz, el procesamiento de imágenes, la toma de decisiones y el aprendizaje a partir de la experiencia.

A diferencia de los programas tradicionales, donde un desarrollador escribe instrucciones específicas para cada acción, los sistemas de IA pueden aprender y adaptarse en función de los datos con los que interactúan.

En los últimos años, la Inteligencia Artificial ha pasado de ser un concepto de ciencia ficción a una herramienta presente en nuestra vida diaria. Desde los asistentes virtuales en nuestros teléfonos hasta los algoritmos que detectan enfermedades en hospitales, la IA está revolucionando la manera en que interactuamos con la tecnología.
Algunas cifras que muestran su impacto:

■ El 77% de los dispositivos móviles usan alguna forma de IA (Gartner, 2023).

📖 Índice

1.3. 🔍 Diferencias entre IA, Machine Learning y Deep Learning

En muchas ocasiones, los términos IA, Machine Learning (ML) y Deep Learning (DL) se usan indistintamente, pero tienen diferencias clave.

📌 **IA (Inteligencia Artificial):**
◆ Es un concepto general que engloba cualquier sistema que simule inteligencia humana.
◆ Puede incluir sistemas con reglas programadas (como los chatbots más simples) o sistemas que aprenden por sí mismos.

📌 **Machine Learning (ML):**
◆ Es una rama de la IA que permite a los sistemas aprender patrones en datos sin ser programados explícitamente.
◆ Por ejemplo, un modelo de ML puede aprender a reconocer correos de spam basándose en ejemplos previos.

📌 **Deep Learning (DL):**
◆ Es un subconjunto del ML que usa redes neuronales profundas para aprender de grandes volúmenes de datos.
◆ Modelos como GPT-4 y DALL·E utilizan Deep Learning para generar texto e imágenes.

💡 **Ejemplo sencillo:**
Imagina que quieres que una computadora reconozca gatos en imágenes:
- IA: Un sistema que puede clasificar imágenes de animales.
- ML: Un algoritmo que aprende a diferenciar gatos de perros analizando miles de ejemplos.
- DL: Una red neuronal profunda que aprende a detectar los rasgos más sutiles de los gatos.

1.4. ● Aplicaciones de la IA en la Vida Cotidiana

La inteligencia artificial ya forma parte de nuestra vida diaria, muchas veces sin que nos demos cuenta. Desde las aplicaciones que usamos en nuestros teléfonos hasta los sistemas que ayudan en la toma de decisiones empresariales y médicas, la IA está transformando la manera en que interactuamos con el mundo. A continuación, exploramos algunas de sus aplicaciones más comunes:

■ Asistentes Virtuales   Siri, Alexa, Google Assistant
Los asistentes virtuales utilizan IA para procesar el lenguaje natural, entender comandos y responder preguntas. Son capaces de realizar tareas como establecer alarmas, buscar información en Internet o incluso controlar dispositivos inteligentes en el hogar.

■ Motores de Recomendación   Netflix, Spotify, Amazon
Cada vez que ves una película en Netflix o escuchas una canción en Spotify, el sistema analiza tu comportamiento y el de millones de usuarios similares para sugerirte contenido que pueda interesarte. Esto es posible gracias a algoritmos de Machine Learning que identifican patrones en tus preferencias.

■ Reconocimiento Facial   Desbloqueo del móvil, cámaras de seguridad
El reconocimiento facial se basa en redes neuronales convolucionales (CNN) para identificar rostros con gran precisión. Esta tecnología permite desbloquear teléfonos sin necesidad de una contraseña y se utiliza en aeropuertos y sistemas de videovigilancia para mejorar la seguridad.

■ Traducción Automática   Google Translate, DeepL

Los traductores automáticos han mejorado notablemente en los últimos años gracias a modelos avanzados como los Transformers (usados en BERT y GPT). Estos modelos pueden entender el contexto y proporcionar traducciones más precisas en múltiples idiomas.

■ Diagnóstico Médico   Detección de enfermedades mediante IA

La IA ayuda a los médicos a detectar enfermedades mediante el análisis de imágenes médicas (radiografías, resonancias, tomografías). Algoritmos de aprendizaje profundo pueden identificar anomalías que podrían pasar desapercibidas, lo que facilita un diagnóstico temprano y más preciso.

■ Automóviles Autónomos   Tesla, Waymo

Los coches autónomos utilizan IA para reconocer señales de tráfico, detectar peatones y tomar decisiones en tiempo real. Gracias a sensores y cámaras, estos vehículos pueden aprender a conducir de manera segura sin intervención humana.

■ Finanzas y Seguridad   Sistemas que detectan fraudes en tarjetas de crédito

Los bancos y empresas de tecnología financiera (fintech) emplean IA para analizar transacciones y detectar posibles fraudes. Los sistemas aprenden a identificar patrones sospechosos, como compras inusuales o intentos de acceso desde ubicaciones desconocidas, alertando a los usuarios o bloqueando operaciones automáticamente.

💡 Ejemplo práctico

Piensa en YouTube. Cuando ves un video, el sistema analiza lo que has visto antes y lo compara con millones de usuarios con intereses similares. Con esa información, la IA predice qué videos podrían gustarte y te los recomienda en la sección de "Sugeridos". Esto es posible gracias a algoritmos de Machine Learning que identifican patrones en tus hábitos de visualización.

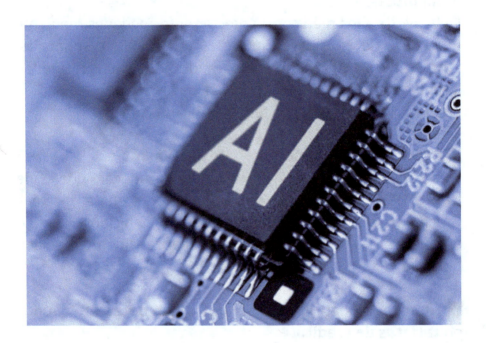

◼ Conceptos Fundamentales

Objetivo del capítulo: Entender el papel fundamental de los datos en la IA, cómo aprenden las máquinas mediante algoritmos y los diferentes tipos de aprendizaje.

2.1. ◼ Datos y su importancia en la IA

La Inteligencia Artificial se basa en datos. Sin datos, una IA no puede aprender ni tomar decisiones. En cierto modo, la IA funciona como el cerebro humano: aprende observando patrones y experiencias previas.

📌 ¿Qué son los datos?

Los datos son cualquier tipo de información que puede ser almacenada, analizada y utilizada para entrenar un sistema de IA. Pueden ser:

◼ Datos estructurados: Información organizada en tablas o bases de datos (ejemplo: nombres, fechas, números).

◼ Datos no estructurados: Información más caótica y sin un formato fijo (ejemplo: imágenes, videos, texto).

◼ Datos semiestructurados: Mezcla de ambos tipos (ejemplo: correos electrónicos, donde hay texto pero también metadatos).

💡 Ejemplo práctico:

Imagina que quieres entrenar una IA para reconocer gatos en fotos. Para hacerlo, necesitas recopilar miles de imágenes de gatos (datos) y etiquetarlas correctamente para que la IA aprenda qué es un gato y qué no.

🔍 ¿Por qué los datos son tan importantes?

La calidad y cantidad de los datos afectan directamente el rendimiento de un modelo de IA. Si los datos están mal etiquetados o tienen sesgos, la IA cometerá errores.

- ◆ Más datos   Mejor aprendizaje (pero no siempre).
- ◆ Datos de mala calidad   Resultados poco fiables.
- ◆ Datos equilibrados   Modelos más justos y precisos.

🔋 Ejemplo de problema:

Si entrenas una IA para reconocer caras usando solo imágenes de personas de piel clara, el modelo tendrá problemas para identificar correctamente a personas de piel oscura. Este es un problema de sesgo en los datos.

2.2. 🏛 Algoritmos: ¿Cómo aprenden las máquinas?

Los algoritmos de IA son conjuntos de instrucciones que permiten a un sistema procesar datos y mejorar su rendimiento sin intervención humana.

📌 ¿Qué es un algoritmo?

Un algoritmo es una secuencia de pasos lógicos que una computadora sigue para resolver un problema. En el caso de la IA, los algoritmos permiten que las máquinas aprendan patrones en los datos y realicen predicciones.

🔖 Ejemplo simple:

Un algoritmo básico para clasificar correos electrónicos como "Spam" o "No Spam" podría funcionar así:

1. Recopilar datos: Analizar miles de correos etiquetados como "spam" o "no spam".
2. Encontrar patrones: Palabras clave como "ganaste", "oferta exclusiva" o "haz clic aquí" aparecen con más frecuencia en correos spam.
3. Clasificar nuevos correos: Cuando llega un correo nuevo, el algoritmo lo compara con los patrones aprendidos y decide si es spam o no.

📌 Proceso de aprendizaje en IA

El aprendizaje de una IA suele seguir estos pasos:

◼ Recolección de datos   Se recopila información relevante.
◼ Preprocesamiento de datos   Se limpia la información, eliminando errores o datos irrelevantes.
◼ Entrenamiento del modelo   Se usa un algoritmo para encontrar patrones en los datos.

■ Evaluación del modelo   Se prueba el modelo con nuevos datos para medir su precisión.

■ Ajuste y mejora   Si los resultados no son buenos, se ajusta el modelo y se entrena nuevamente.

💡 **Ejemplo práctico:**

Para entrenar una IA que traduzca idiomas, primero se le alimenta con miles de textos en diferentes lenguas. Luego, la IA aprende patrones lingüísticos y empieza a generar traducciones cada vez más precisas.

2.3. 🌑 Tipos de Aprendizaje: Supervisado, No Supervisado y por Refuerzo

Los algoritmos de IA aprenden de diferentes maneras, dependiendo de cómo se les proporcionen los datos.

■ Aprendizaje Supervisado

📌 ¿Cómo funciona?

- La IA recibe datos de entrada junto con las respuestas correctas (etiquetadas).
- Aprende a asociar entradas con salidas correctas.

💡 **Ejemplo:**

Si entrenamos un modelo para reconocer gatos, le damos muchas imágenes de gatos con la etiqueta "Gato" y de perros con la etiqueta "Perro". Así, cuando vea una nueva imagen, podrá hacer la clasificación.

■ Ventaja: Resultados precisos si los datos son de buena calidad.

✖ Desventaja: Requiere grandes volúmenes de datos etiquetados.

■ Aprendizaje No Supervisado

📌 ¿Cómo funciona?

- La IA recibe datos sin etiquetas y debe encontrar patrones por sí misma.
- Se utiliza para clasificar, agrupar o detectar anomalías.

💡 Ejemplo:

Si le damos a la IA imágenes de distintos animales sin decirle qué son, intentará agrupar las imágenes similares sin saber si son gatos, perros o caballos.

■ Ventaja: No necesita datos etiquetados, lo que facilita su uso en grandes volúmenes de información.

✕ Desventaja: Puede generar agrupaciones incorrectas sin supervisión humana.

■ Aprendizaje por Refuerzo

📌 ¿Cómo funciona?

- La IA aprende por prueba y error, recibiendo recompensas cuando hace algo bien y castigos cuando se equivoca.
- Se usa en videojuegos, robótica y sistemas de decisión autónomos.

💡 Ejemplo:

Un robot que aprende a caminar recibe una recompensa cada vez que avanza sin caerse y un castigo si pierde el equilibrio. Con el tiempo, mejora sus movimientos hasta caminar sin problemas.

■ Ventaja: Es útil para resolver problemas complejos sin necesidad de datos predefinidos.

✕ Desventaja: Puede tardar mucho tiempo en encontrar la mejor estrategia.

◼ Aprendizaje No Supervisado

📌 ¿Cómo funciona?

- La IA recibe datos sin etiquetas y debe encontrar patrones por sí misma.
- Se utiliza para clasificar, agrupar o detectar anomalías.

♟ Ejemplo:

Si le damos a la IA imágenes de distintos animales sin decirle qué son, intentará agrupar las imágenes similares sin saber si son gatos, perros o caballos.

◼ Ventaja: No necesita datos etiquetados, lo que facilita su uso en grandes volúmenes de información.

✗ Desventaja: Puede generar agrupaciones incorrectas sin supervisión humana.

◼ Aprendizaje por Refuerzo

📌 ¿Cómo funciona?

- La IA aprende por prueba y error, recibiendo recompensas cuando hace algo bien y castigos cuando se equivoca.
- Se usa en videojuegos, robótica y sistemas de decisión autónomos.

♟ Ejemplo:

Un robot que aprende a caminar recibe una recompensa cada vez que avanza sin caerse y un castigo si pierde el equilibrio. Con el tiempo, mejora sus movimientos hasta caminar sin problemas.

◼ Ventaja: Es útil para resolver problemas complejos sin necesidad de datos predefinidos.

✗ Desventaja: Puede tardar mucho tiempo en encontrar la mejor estrategia.

■ Primeros Pasos con IA

Objetivo del capítulo: Aprender a configurar un entorno de desarrollo para IA, conocer las herramientas básicas y hacer una introducción a las bibliotecas más utilizadas en el análisis de datos.

3.1. ⚒ Herramientas Básicas: Python, Jupyter Notebook, Google Colab

● ¿Necesito saber programar antes de aprender IA?

No. Pero sí necesitas un lenguaje de programación para darle instrucciones a la IA. *(Ver apéndice al final del libro)*

Para desarrollar proyectos de Inteligencia Artificial, es fundamental elegir un lenguaje de programación adecuado y un entorno de trabajo cómodo. La mayoría de las aplicaciones de IA están desarrolladas en **Python**, debido a su facilidad de uso y a la gran cantidad de bibliotecas especializadas disponibles.

📌 ¿Por qué Python?

Python es el lenguaje más utilizado en IA porque:

■ Es fácil de aprender y leer.
■ Tiene una gran comunidad y documentación.
■ Dispone de bibliotecas optimizadas para Machine Learning y Deep Learning.
■ Es compatible con múltiples plataformas.

💡 Ejemplo práctico:

Un modelo de IA en Python puede entrenarse con solo unas pocas líneas de código usando bibliotecas como Scikit-learn o TensorFlow.

🖥️ Entornos de Desarrollo para IA

Para programar en Python, podemos utilizar varios entornos. Los más recomendados para IA son:

◼️ Jupyter Notebook

📌 ¿Qué es?

Un entorno interactivo donde se pueden escribir y ejecutar fragmentos de código Python en celdas. Permite combinar código con texto explicativo, gráficos y ecuaciones matemáticas. Ideal para pruebas y desarrollo de modelos de Machine Learning.

💡 Ejemplo práctico:

Podemos escribir código en una celda, ejecutarlo y ver los resultados de inmediato sin necesidad de compilar todo el programa.

◼️ Ventaja: Interactivo y fácil de usar.
✖ Desventaja: No es ideal para proyectos grandes.

◼️ Google Colab

📌 ¿Qué es?

Similar a Jupyter Notebook, pero basado en la nube. Permite ejecutar código de IA sin necesidad de instalar nada en la computadora. Ofrece acceso gratuito a GPUs para acelerar cálculos complejos.

💡 Ejemplo práctico:

Si queremos entrenar un modelo de IA en un PC lento, podemos usar Google Colab para hacerlo en la nube sin sobrecargar nuestro equipo.

◼️ Ventaja: No requiere instalación y es gratis.
✖ Desventaja: Dependemos de la conexión a Internet.

3.2. ⚙ Instalación y Configuración del Entorno

Para empezar a programar con IA en nuestra computadora, debemos instalar algunas herramientas básicas.

📌 Paso 1: Instalar Python

Lo primero es instalar Python 3 (recomendado 3.8 o superior).

- Desde la web oficial: Descargar e instalar desde python.org.
- Verificar la instalación: Abrir la terminal y escribir:

```
python --version
```

Si muestra algo como Python 3.10.4, la instalación fue exitosa.

📌 Paso 2: Instalar Anaconda (opcional, pero recomendado)

Anaconda es una distribución de Python que incluye Jupyter Notebook y muchas bibliotecas útiles.

- Desde la web oficial: Descargar desde anaconda.com.
- Verificar la instalación: Escribir en la terminal:

```
conda --version
```

📌 **Paso 3: Configurar un Entorno Virtual (opcional, pero recomendado)**

Los entornos virtuales permiten instalar bibliotecas sin afectar el sistema principal.

⬛ Crear un entorno virtual:

```
python -m venv mi_entorno
```

⬛ Activar el entorno:
- Windows: mi_entorno\Scripts\activate
- Mac/Linux: source mi_entorno/bin/activate

3.3. 📚 Introducción a Bibliotecas Esenciales: NumPy, Pandas, Matplotlib

Python tiene muchas bibliotecas para trabajar con IA. En este capítulo exploraremos tres esenciales para manejar datos:

⬛ **NumPy: Manipulación de datos numéricos**

📌 ¿Qué es?
- Biblioteca para realizar cálculos matemáticos avanzados.
- Permite trabajar con arrays y matrices de manera eficiente.

💡 **Ejemplo práctico:**

Si queremos representar una imagen en IA, podemos usar un array NumPy donde cada número representa un píxel.

```
import numpy as np
arr = np.array([1, 2, 3, 4, 5])
print(arr)
```

■ Ventaja: Muy rápido para cálculos matemáticos.
✗ Desventaja: No es ideal para manipular datos tabulares.

Característica	Lista de Python 🐍	Array de NumPy ■
Velocidad	Más lento 🚶	Más rápido 🚀
Uso de memoria	Ocupa más espacio	Más eficiente
Operaciones matemáticas	Necesita bucles (for)	Se hacen con una sola línea de código
Conveniencia	Fácil de usar para listas pequeñas	Ideal para grandes volúmenes de datos ■

◆ **Ejemplo simple para entender la diferencia**

Imagina que tienes una caja con 10,000 pelotas y quieres sumar los números que tienen escritos. Si usas una lista de Python, tienes que sumar una por una. Si usas un array de NumPy, el sistema lo hace en paralelo, mucho más rápido.

🔎 Código para comparar rendimiento
Ahora veamos un ejemplo real de código:

```
import numpy as np
import time

# 📌 Lista normal en Python
lista = list(range(1_000_000))

# 📌 Array de NumPy
array = np.array(lista)

# ⬤ Medimos el tiempo de suma con una lista
inicio_lista = time.time()
suma_lista = sum(lista)
fin_lista = time.time()

# ⬤ Medimos el tiempo de suma con NumPy
inicio_array = time.time()
suma_array = np.sum(array)
fin_array = time.time()

print(f"Suma con lista: {suma_lista}, Tiempo: {fin_lista - inicio_lista:.6f} segundos")
print(f"Suma con NumPy: {suma_array}, Tiempo: {fin_array - inicio_array:.6f} segundos")
```

💡 Resultado esperado: La suma con NumPy será mucho más rápida que con una lista de Python.

⬛ Conclusión

En proyectos de IA, procesamos grandes cantidades de datos. Usar NumPy es clave para mejorar velocidad y eficiencia, lo que hace que nuestros modelos sean más rápidos y optimizados.

🔲 Pandas: Análisis y manipulación de datos

📌 ¿Qué es?

Biblioteca para manejar datos tabulares (como tablas de Excel).

Permite filtrar, ordenar y analizar grandes volúmenes de datos.

💡 Ejemplo práctico:

Cargar un archivo CSV con datos de ventas y analizarlo:

```
import pandas as pd
df = pd.read_csv("ventas.csv")
print(df.head())
```

🔲 Ventaja: Facilita la manipulación de grandes volúmenes de datos.

✖ Desventaja: Puede ser lento con archivos muy grandes.

🔲 DataFrame de Pandas vs. Tabla de Excel: ¿En qué se parecen y en qué se diferencian?

Cuando trabajamos con datos en Inteligencia Artificial, a menudo necesitamos organizarlos en filas y columnas, como en una hoja de cálculo de Excel. En Python, usamos Pandas para manejar datos de manera similar a una tabla de Excel, pero con muchas más funciones avanzadas.

🔍 Comparación básica

Característica	Tabla de Excel ⬛	DataFrame de Pandas 🛡
Estructura	Filas y columnas	Filas y columnas (igual que Excel)
Fórmulas	Se escriben en celdas	Se usan funciones de Pandas
Manipulación de datos	Manual o con macros	Automática con código en Python
Velocidad	Más lento para grandes datos 🚶	Optimizado y rápido 🚀

📌 Ejemplo visual

♦ **Tabla en Excel**

Nombre	Edad	Ciudad
Ana	25	Madrid
Carlos	30	Barcelona
Elena	22	Valencia

⬛ Así es como se ve una tabla en Excel.
⬛ Cada celda tiene un valor específico.
⬛ Se pueden usar fórmulas como =SUM(A1:A10).

♦ Mismo ejemplo en Pandas

Para manejar estos datos en Python, usamos Pandas y creamos un DataFrame, que es una estructura similar a una tabla de Excel pero mucho más poderosa.

```
import pandas as pd

# Crear un DataFrame con Pandas
datos = {
    "Nombre": ["Ana", "Carlos", "Elena"],
    "Edad": [25, 30, 22],
    "Ciudad": ["Madrid", "Barcelona", "Valencia"]
}

df = pd.DataFrame(datos)

# Mostrar la tabla
print(df)
```

⬛ Salida esperada en la consola:

```
  Nombre  Edad    Ciudad
0   Ana    25    Madrid
1  Carlos  30  Barcelona
2  Elena   22   Valencia
```

⚫ **Conclusión**

Un DataFrame de Pandas funciona de manera similar a una tabla de Excel.

Pandas es mucho más eficiente para procesar grandes volúmenes de datos.

Podemos realizar cálculos y manipulaciones de manera automática sin necesidad de usar fórmulas manuales.

■ Matplotlib: Visualización de datos

📌 **¿Qué es?**

Biblioteca para crear gráficos y visualizar datos de manera intuitiva.

♟ Ejemplo práctico:

Crear un gráfico de líneas con datos de ventas:

```
import matplotlib.pyplot as plt
x = [1, 2, 3, 4, 5]
y = [10, 20, 25, 30, 50]
plt.plot(x, y)
plt.xlabel("Días")
plt.ylabel("Ventas")
plt.show()
```

■ Ventaja: Permite visualizar datos de forma clara y atractiva.

✗ Desventaja: Puede ser más complejo que Excel o Google Sheets para usuarios principiantes.

■ Crear un gráfico con Matplotlib

En Inteligencia Artificial, los datos no solo se analizan con tablas, sino que muchas veces es mejor visualizarlos con gráficos. Para eso, en Python usamos la biblioteca Matplotlib, que nos permite crear gráficos de líneas, barras, dispersión y más.

📌 Ejemplo: Gráfico de edades con Matplotlib

Este gráfico representa la edad de tres personas.

```
import matplotlib.pyplot as plt

# Datos
nombres = ["Ana", "Carlos", "Elena"]
edades = [25, 30, 22]

# Crear el gráfico
plt.figure(figsize=(6,4))
plt.bar(nombres, edades, color=["blue", "red", "green"])

# Agregar etiquetas
plt.xlabel("Nombre")
plt.ylabel("Edad")
plt.title("Edades de las Personas")

# Mostrar el gráfico
plt.show()
```

⬛ Explicación del código:
⬛ Se importan las librerías necesarias (matplotlib.pyplot).
⬛ Se crean dos listas: nombres y edades.
⬛ Se usa plt.bar() para hacer un gráfico de barras.
⬛ Se añaden etiquetas y título.
⬛ plt.show() muestra el gráfico.

⬛ Resultado esperado (Gráfico de Barras)
El gráfico tendrá tres barras, una para cada persona, con diferentes colores representando sus edades.

⬤ Conclusión
Con Matplotlib, podemos visualizar datos de manera clara, lo que es muy útil para el análisis en Machine Learning.

◆ Ejercicios del Capítulo 3: Primeros Pasos con IA

📌 Objetivo: Familiarizarse con Google Colab y las bibliotecas NumPy, Pandas y Matplotlib.

Ejercicio 3.1: Crear tu primer programa en Google Colab

■ Abre Google Colab.

◆ ¿Cómo abrir Google Colab?

■ Ve a colab.research.google.com.

■ Pulsa en "Nuevo cuaderno".

■ Aparecerá una pantalla con una celda en blanco para escribir código.

■ Escribe un programa que imprima tu nombre y tu edad en la pantalla.

◆ Ejemplo esperado:

```
print("Mi nombre es Ana y tengo 25 años")
```

Ejercicio 3.2: Operaciones con NumPy

■ Crea una lista de 5 números con NumPy.

■ Calcula la media y la suma de los números.

◆ Código base (completa los espacios vacíos):

```
import numpy as np

numeros = np.array([__, __, __, __, __])
print("Suma:", np.___(numeros))
print("Media:", np.___(numeros))
```

📓 Ejercicio 3.3: Crear una tabla con Pandas

📓 Crea una tabla con Pandas con los nombres y edades de 3 amigos.

📓 Calcula la edad promedio.

◆ Código base:

```
import pandas as pd

datos = {'Nombre': ["Ana", "Luis", "Carlos"], 'Edad': [25, 30, 22]}
df = pd.DataFrame(datos)

print(df)
print("Edad promedio:", df['Edad'].___())
```

📓 Ejercicio 3.4: Crear un gráfico con Matplotlib

📓 Dibuja un gráfico que muestre cuántos libros has leído en los últimos 5 años.

◆ Código base:

```
import matplotlib.pyplot as plt

años = ["2020", "2021", "2022", "2023", "2024"]
libros = [__, __, __, __, __]

plt.plot(___, ___, marker='o')
plt.xlabel("Años")
plt.ylabel("Libros Leídos")
plt.title("Evolución de Lectura")
plt.show()
```

Capítulo ■: Introducción al Machine Learning

📌 ¿Qué aprenderás en este capítulo?

■ Qué es Machine Learning y cómo se diferencia de la IA tradicional.
■ Cómo funcionan los modelos de IA y qué significa "entrenarlos".
■ Ejemplos de algoritmos básicos: árboles de decisión y regresión lineal.
■ Cómo crear un primer modelo de IA con Scikit-learn.
■ Cómo medir si nuestra IA funciona bien o no.

4.1. 🗿 ¿Qué es Machine Learning y cómo funcionan los modelos de IA?

⬤ ¿Qué diferencia hay entre IA y Machine Learning?
La Inteligencia Artificial (IA) es un campo amplio que incluye muchos tipos de sistemas inteligentes.
El Machine Learning (ML) es una parte de la IA que se enfoca en hacer que las computadoras aprendan por sí solas a partir de datos.

🔑 **Ejemplo real:**
Piensa en una app que reconoce si un correo es spam o no.

- Reglas tradicionales (IA clásica): Se programa manualmente: "Si el mensaje tiene 'gratis' o 'ganaste', marcar como spam".
- Machine Learning: El sistema aprende por sí mismo viendo miles de correos y detectando patrones.

◆ ¿Cómo funcionan los modelos de Machine Learning?

Un modelo de ML es como un estudiante que aprende de ejemplos.

■ Entrenamiento: Le damos muchos ejemplos con la respuesta correcta.
■ Aprendizaje: El modelo detecta patrones en los datos.
■ Predicción: Cuando le damos nuevos datos, el modelo intenta adivinar la respuesta.

♥ Ejemplo:

- Le mostramos fotos de perros y gatos y le decimos cuál es cuál.
- Después de ver cientos de fotos, el modelo aprende a diferenciar ambos.
- Si le mostramos una foto nueva, intentará adivinar si es un perro o un gato.

4.2. ■ Algoritmos Básicos: Árboles de Decisión y Regresión Lineal

● Árboles de Decisión: Como un cuestionario inteligente

Un árbol de decisión funciona como un cuestionario con preguntas de "sí" o "no".

♥ Ejemplo real:

Imagina que quieres decidir si llevar paraguas o no.

■ ¿Está nublado?   Sí   ¿Hay pronóstico de lluvia?   Sí
Lleva paraguas
■ ¿Está nublado?   No   No lleves paraguas

👤 Código para crear un árbol de decisión con Scikit-learn:

```
from sklearn.tree import DecisionTreeClassifier

# Datos de ejemplo: [temperatura, humedad, viento fuerte]
X = [[30, 70, 1], [25, 80, 0], [15, 60, 1], [10, 90, 0]]
y = ["No llevar", "Llevar", "Llevar", "Llevar"]

modelo = DecisionTreeClassifier()
modelo.fit(X, y)

# Nueva predicción
nueva_situación = [[20, 85, 1]]
print(modelo.predict(nueva_situación))
```

📌 ¿Qué hace este código?
Crea un árbol de decisión con datos climáticos.
Aprende si se debe llevar paraguas o no.
Predice la respuesta con nuevos datos.

⬛ Regresión Lineal: Predecir valores numéricos
La regresión lineal se usa cuando queremos predecir un número basado en datos previos.

💡 Ejemplo real:
Si sabemos el precio de casas en base a su tamaño, podemos predecir cuánto costará una casa nueva.

👤 Código para hacer una regresión lineal con Scikit-learn:

```python
from sklearn.linear_model import LinearRegression

# Datos de ejemplo: [metros cuadrados]
X = [[50], [80], [100], [150], [200]]
y = [100000, 150000, 180000, 250000, 300000]

modelo = LinearRegression()
modelo.fit(X, y)

# Predicción del precio de una casa de 120 m²
nueva_casa = [[120]]
print(modelo.predict(nueva_casa))
```

📌 ¿Qué hace este código?
Aprende a predecir precios basándose en tamaños de casas. Nos dice cuánto costará una casa nueva de 120m².

4.3. 🏆 Creando nuestro primer modelo de clasificación con Scikit-learn

La clasificación es una de las tareas más comunes en Machine Learning supervisado, en la que enseñamos a un modelo a distinguir entre varias categorías o clases.

📌 ¿Cómo funciona?
◼ El modelo recibe datos de entrada con características específicas.
◼ Aprende patrones a partir de ejemplos etiquetados.
◼ Predice una categoría cuando se le da un dato nuevo.

💡 Ejemplo simple:

Imagina que queremos entrenar un modelo para clasificar correos electrónicos como spam o no spam.

Datos de entrada: Palabras clave, enlaces, cantidad de mayúsculas.
Clases posibles: Spam (1) o No spam (0).
Objetivo: Que el modelo aprenda qué patrones indican que un correo es spam.

📌 ¿Qué es Scikit-learn?

Scikit-learn es una de las bibliotecas más utilizadas en Machine Learning. Se basa en NumPy, SciPy y Matplotlib y proporciona herramientas listas para usar que permiten:

⬛ Cargar y manipular datasets.
⬛ Aplicar algoritmos de Machine Learning como regresión, clasificación y clustering.
⬛ Evaluar modelos mediante métricas de rendimiento.

💡 ¿Por qué usar Scikit-learn?

Es una biblioteca ideal para principiantes porque:
◆ Tiene una sintaxis simple y clara.
◆ Incluye muchos algoritmos ya implementados.
◆ Facilita la evaluación y ajuste de modelos.

◆ Paso 1: Instalar Scikit-learn

Si aún no tienes Scikit-learn instalado, puedes hacerlo con:

```
pip install scikit-learn
```

👤 Código: Crear un modelo de clasificación con Scikit-learn

```python
from sklearn.model_selection import train_test_split
from sklearn.datasets import load_iris
from sklearn.ensemble import RandomForestClassifier
from sklearn.metrics import accuracy_score

# Cargar el dataset Iris (flores clasificadas en 3 especies)
iris = load_iris()
X, y = iris.data, iris.target

# Dividir los datos en entrenamiento (80%) y prueba (20%)
X_train, X_test, y_train, y_test = train_test_split(X, y, test_size=0.2, random_state=42)

# Crear el modelo de clasificación Random Forest
modelo = RandomForestClassifier(n_estimators=100, random_state=42)
modelo.fit(X_train, y_train)  # Entrenar el modelo

# Hacer predicciones
y_pred = modelo.predict(X_test)

# Evaluar el modelo
precision = accuracy_score(y_test, y_pred)
print(f"Precisión del modelo: {precision * 100:.2f}%")
```

📌 ¿Qué hace este código?
Usa un conjunto de datos de flores para entrenar un modelo. Intenta predecir la especie de una nueva flor basándose en su tamaño.

📌 **Explicación del Código**

⬛ load_iris(): Cargamos el dataset de flores Iris, que contiene características de tres tipos de flores.

⬛ train_test_split(): Dividimos los datos en entrenamiento y prueba.

⬛ RandomForestClassifier(): Creamos un modelo de clasificación basado en un conjunto de árboles de decisión.

⬛ modelo.fit(X_train, y_train): Entrenamos el modelo con los datos de entrenamiento.

⬛ modelo.predict(X_test): Hacemos predicciones con datos nuevos.

⬛ accuracy_score(y_test, y_pred): Calculamos la precisión del modelo.

4.4. 🔪 Evaluación del Modelo: Precisión y Métricas Básicas

⬤ ¿Cómo sabemos si nuestra IA funciona bien?
Después de entrenar un modelo, debemos medir qué tan preciso es.

📌 **Métricas básicas:**

⬛ Precisión: Cuántas respuestas son correctas.
⬛ Recall: Cuántos casos positivos detectó correctamente.
⬛ Matriz de confusión: Un cuadro que muestra los aciertos y errores del modelo.

👤 Código para medir precisión de un modelo:

```
from sklearn.metrics import accuracy_score

# Evaluamos el modelo con datos de prueba
predicciones = modelo.predict(X_test)
precision = accuracy_score(y_test, predicciones)
print(f"Precisión del modelo: {precision * 100:.2f}%")
```

📌 ¿Qué hace este código?
Compara las predicciones del modelo con las respuestas reales.
Nos dice qué porcentaje de veces acertó.

◆ Ejercicios del Capítulo 4: Introducción al Machine Learning
📌 Objetivo: Crear modelos básicos de Machine Learning y evaluar su rendimiento.

🔵 Ejercicio 4.1: Árbol de Decisión Simple
⬛ Crea un modelo de árbol de decisión para decidir si una persona debe llevar paraguas según la temperatura y la humedad.
⬛ Usa DecisionTreeClassifier de Scikit-learn.
💡 Consejo: Usa datos parecidos a los del capítulo.

⬛ Ejercicio 4.2: Predecir el precio de una casa con Regresión Lineal
⬛ Usa LinearRegression para predecir el precio de una casa según su tamaño.
⬛ Usa al menos 5 ejemplos de datos.
💡 Desafío extra: Agrega más factores, como la cantidad de habitaciones o la ubicación.

🌻 Ejercicio 4.3: Clasificar flores con K-Nearest Neighbors

⬛ Usa KNeighborsClassifier para entrenar un modelo con el conjunto de datos iris.

⬛ Divide los datos en entrenamiento y prueba.

💡 Desafío extra: Intenta cambiar el número de vecinos (n_neighbors) y compara la precisión.

🗡 Ejercicio 4.4: Evaluar la precisión de un modelo

⬛ Usa accuracy_score para medir qué tan bueno es tu modelo de clasificación.

◆ Código base:

```
from sklearn.metrics import accuracy_score

predicciones = modelo.predict(X_test)
precision = accuracy_score(y_test, predicciones)

print(f"Precisión del modelo: {precision * 100:.2f}%")
```

💡 Desafío extra: Investiga qué es la "matriz de confusión" y agrégala a tu código.

📌 Conclusión

⬛ Estos ejercicios te ayudarán a practicar con Python y Machine Learning desde cero.

⬛ Asegúrate de probar diferentes datos y cambiar los parámetros para aprender más.

Capítulo ■: Redes Neuronales para Principiantes

📌 ¿Qué aprenderás en este capítulo?

■ Qué es una red neuronal y cómo se inspira en el cerebro humano.
■ Cómo funcionan las neuronas artificiales y los pesos.
■ Qué son las funciones de activación y por qué son importantes.
■ Cómo crear tu primera red neuronal con **TensorFlow y Keras.**

5.1. ⬤ ¿Qué es una Red Neuronal? Explicación Simple

Las redes neuronales artificiales están inspiradas en el cerebro humano. Al igual que nuestras neuronas biológicas se conectan entre sí para procesar información, una red neuronal está formada por capas de neuronas artificiales que reciben, procesan y transmiten datos.

📌 **Componentes clave de una red neuronal:**
■ Neuronas artificiales: Elementos básicos que procesan la información.
■ Pesos y sesgos: Valores que ajustan la importancia de cada entrada.
■ Funciones de activación: Determinan si una neurona se activa o no.
■ Capas de la red: Entrada, ocultas y salida.

📌 ¿Cómo se entrena una red neuronal?

El entrenamiento de una red neuronal implica los siguientes pasos:

■ Se ingresan los datos de entrada.

■ La información pasa por las capas ocultas y se transforma.

■ Se obtiene una salida y se compara con la respuesta esperada.

■ Se ajustan los pesos para mejorar la precisión.

■ Este proceso se repite hasta que el modelo aprende correctamente.

⬤ ¿Cómo se inspiran las redes neuronales en el cerebro?

Las redes neuronales artificiales imitan el funcionamiento del cerebro humano.

En nuestro cerebro, las neuronas están conectadas y transmiten señales entre sí para procesar información.

🔑 Ejemplo real:

Cuando ves una manzana roja, tus ojos envían señales al cerebro.

Tu cerebro procesa esa información y reconoce automáticamente que es una manzana.

🧠 ¿Cómo funciona una red neuronal artificial?

En una red neuronal, cada "neurona" recibe información, la procesa y envía una señal a la siguiente capa de neuronas.

📌 Ejemplo: Reconocer un gato en una imagen

■ La primera capa de neuronas analiza colores y bordes.

■ La segunda capa reconoce formas más complejas, como orejas o patas.

■ La última capa decide: "Esto es un gato" o "Esto no es un gato".

5.2. 🏗️ Componentes básicos de una Red Neuronal

◆ Neuronas Artificiales
Cada neurona artificial recibe datos de entrada, los multiplica por pesos y los pasa a una función de activación.

📌 Fórmula de una neurona:

Salida=función_de_activación(peso1×entrada1+peso2×entrada2+bias)

💡 Ejemplo sencillo:
Imagina que una neurona predice si debes llevar paraguas.
- Entrada 1: ¿Está nublado? (1 = Sí, 0 = No)
- Entrada 2: ¿Hay pronóstico de lluvia? (1 = Sí, 0 = No)
- Salida: 1 = Llevar paraguas, 0 = No llevar.

⚖️ Pesos y Bias: Cómo las neuronas aprenden
Cada conexión en la red neuronal tiene un peso que indica qué tan importante es esa conexión.
El bias ayuda a ajustar la salida de la neurona.

📌 Ejemplo real:
Si siempre llevas paraguas cuando está nublado, el peso de "¿Está nublado?" será más alto.

⚡ Funciones de Activación: Decidiendo si una neurona se activa

Las funciones de activación deciden si una neurona transmite su señal o no.

📌 **Las más usadas:**

◼ ReLU: Si el valor es negativo, lo convierte en 0. Si es positivo, lo deja igual.
◼ Sigmoide: Transforma los valores entre 0 y 1, útil para clasificaciones.
◼ Softmax: Se usa en la última capa para problemas con múltiples categorías.

5.3. 👤 Implementación de una Red Neuronal Simple con TensorFlow/Keras

TensorFlow es una biblioteca de código abierto desarrollada por Google, utilizada para construir y entrenar modelos de Machine Learning y Deep Learning. Es altamente eficiente para procesar grandes volúmenes de datos y realizar cálculos en paralelo utilizando GPUs y TPUs.

Keras es una API de alto nivel dentro de TensorFlow que facilita la construcción de redes neuronales. Gracias a su sintaxis simple e intuitiva, permite crear modelos de IA sin necesidad de escribir código demasiado complejo.

🔹 **En resumen:**
◼ TensorFlow se encarga de los cálculos matemáticos y la optimización del modelo.
◼ Keras nos ayuda a definir y entrenar redes neuronales de forma sencilla.
📌 Objetivo: Crear una red neuronal que clasifique imágenes de números escritos a mano (dataset MNIST).

◆ **Paso 1: Instalar TensorFlow**
Si aún no lo tienes instalado, puedes hacerlo con:

```
pip install tensorflow
```

🚀 Código para Crear una Red Neuronal Simple

```python
import tensorflow as tf
from tensorflow import keras
import matplotlib.pyplot as plt

# Cargar el dataset MNIST (imágenes de dígitos 0-9)
(X_train, y_train), (X_test, y_test) = keras.datasets.mnist.load_data()

# Normalizar los datos (escala 0 a 1)
X_train, X_test = X_train / 255.0, X_test / 255.0

# Definir el modelo
modelo = keras.Sequential([
    keras.layers.Flatten(input_shape=(28, 28)),  # Convierte las imágenes en un vector de 784 valores
    keras.layers.Dense(128, activation='relu'),  # Capa oculta con 128 neuronas
    keras.layers.Dense(10, activation='softmax')  # Capa de salida con 10 neuronas (para números 0-9)
])

# Compilar el modelo
modelo.compile(optimizer='adam',
loss='sparse_categorical_crossentropy', metrics=['accuracy'])

# Entrenar la red neuronal
modelo.fit(X_train, y_train, epochs=5)

# Evaluar el modelo
test_loss, test_acc = modelo.evaluate(X_test, y_test)
print(f"Precisión en test: {test_acc * 100:.2f}%")
```

📌 Explicación del Código

■ Cargamos el dataset MNIST, que contiene imágenes de números escritos a mano.

■ Normalizamos los datos, escalando los valores de los píxeles entre 0 y 1.

■ Definimos la arquitectura de la red neuronal:
- Flatten(input_shape=(28,28)): Convierte la imagen en un vector de 784 valores.
- Dense(128, activation='relu'): Capa oculta con 128 neuronas y activación ReLU.
- Dense(10, activation='softmax'): Capa de salida con 10 neuronas (una para cada número del 0 al 9).

■ Compilamos el modelo con el optimizador Adam y la función de pérdida Sparse Categorical Crossentropy.

■ Entrenamos la red neuronal durante 5 epochs.

■ Evaluamos el modelo con datos de prueba.

📕 Ejercicios del Capítulo 5

💡 Ejercicio 5.1: Crear tu propia red neuronal

⬛ Modifica el código del capítulo y cambia el número de neuronas en la capa oculta.

⬛ ¿Cómo afecta esto la precisión del modelo?

⬛ Ejercicio 5.2: Visualizar los pesos de una red neuronal

⬛ Usa Matplotlib para mostrar cómo una red neuronal procesa una imagen.

⬛ Pista: Busca cómo visualizar "Feature Maps" en redes neuronales.

⬛ Ejercicio 5.3: Clasificación con un dataset diferente

⬛ En lugar de MNIST, usa otro dataset como Fashion MNIST (imágenes de ropa).

⬛ Cambia la estructura de la red neuronal y analiza los resultados.

Capítulo ■: Aplicaciones Básicas de IA

📌 ¿Qué aprenderás en este capítulo?

■ Cómo funcionan los chatbots y asistentes virtuales.

■ Cómo la IA se usa en redes sociales y recomendaciones.

■ Cómo construir dos proyectos básicos de IA: clasificación de imágenes y análisis de texto.

6.1. 💬 Chatbots y Asistentes Virtuales

👤 ¿Cómo funcionan los chatbots?

Los chatbots son programas que pueden conversar con los humanos usando IA.

📌 **Ejemplos reales:**

■ Siri y Google Assistant: Responden preguntas y realizan tareas.

■ Chatbots de soporte: Empresas como Amazon y bancos los usan para atención al cliente.

■ GPT y Chatbots Avanzados: Modelos como ChatGPT pueden entender y generar texto con más naturalidad.

📌 Código básico: Crear un chatbot con Python

Vamos a usar la biblioteca ChatterBot para crear un chatbot sencillo.

```python
from chatterbot import ChatBot
from chatterbot.trainers import ChatterBotCorpusTrainer

# Crear chatbot
chatbot = ChatBot("MiBot")

# Entrenar con diálogos predefinidos
trainer = ChatterBotCorpusTrainer(chatbot)
trainer.train("chatterbot.corpus.spanish")

# Probar el chatbot
while True:
    user_input = input("Tú: ")
    response = chatbot.get_response(user_input)
    print(f"Bot: {response}")
```

💡 Desafío extra: Personaliza las respuestas agregando ejemplos propios.

6.2. 📲 IA en Redes Sociales y Motores de Recomendación

📌 ¿Cómo usan IA las redes sociales?

◼ TikTok y YouTube: Analizan tu comportamiento y recomiendan videos.

◼ Instagram y Facebook: Usan IA para detectar contenido inapropiado.

◼ Spotify y Netflix: Predicen qué música o series te gustarán.

6.3. ■ Proyecto: Clasificación de Imágenes con IA

📌 Objetivo: Construir un modelo de IA que distinga entre perros y gatos. (python)

```python
import tensorflow as tf
from tensorflow import keras

# Cargar dataset
(X_train, y_train), (X_test, y_test) = keras.datasets.cifar10.load_data()

# Normalizar imágenes
X_train, X_test = X_train / 255.0, X_test / 255.0

# Crear modelo
modelo = keras.Sequential([
    keras.layers.Flatten(input_shape=(32, 32, 3)),
    keras.layers.Dense(128, activation='relu'),
    keras.layers.Dense(10, activation='softmax')
])

# Compilar modelo
modelo.compile(optimizer='adam',
loss='sparse_categorical_crossentropy', metrics=
['accuracy'])

# Entrenar
modelo.fit(X_train, y_train, epochs=5)

# Evaluar
print("Precisión:", modelo.evaluate(X_test, y_test)[1] * 100,
"%")
```

6.4. 📓 Proyecto: Análisis de Texto con NLP (Procesamiento del Lenguaje Natural)

📌 Objetivo: Crear un modelo que clasifique si un comentario es positivo o negativo.

```python
from sklearn.feature_extraction.text import CountVectorizer
from sklearn.naive_bayes import MultinomialNB

# Datos de entrenamiento
comentarios = ["Me encanta este producto", "Es horrible, no lo recomiendo", "Está bien, pero podría mejorar"]
etiquetas = [1, 0, 1]  # 1 = Positivo, 0 = Negativo

# Convertir texto en números
vectorizer = CountVectorizer()
X = vectorizer.fit_transform(comentarios)

# Entrenar modelo
modelo = MultinomialNB()
modelo.fit(X, etiquetas)

# Probar
nueva_opinion = ["No me gusta para nada"]
X_test = vectorizer.transform(nueva_opinion)
print("Predicción:", modelo.predict(X_test))
```

💡 Desafío extra: Usa más datos y evalúa la precisión del modelo.

● Ejercicio 6.1: Crear un Chatbot Básico

■ Crea un chatbot sencillo que pueda responder a algunas preguntas comunes sobre un tema específico, como el clima, la tecnología o el cine.

■ Usa condicionales simples (if, else) para generar las respuestas.

🖋 Consejo: Haz que el chatbot responda con frases como "¡Hola! ¿Cómo estás?" o "Lo siento, no entiendo esa pregunta".

Ejemplo de código:

```python
def chatbot():
    print("¡Hola! Soy tu chatbot. ¿Cómo puedo ayudarte hoy?")

    while True:
        pregunta = input("Tú: ")

        if "hola" in pregunta.lower():
            print("Bot: ¡Hola! ¿Cómo estás?")
        elif "adiós" in pregunta.lower():
            print("Bot: ¡Hasta luego!")
            break
        else:
            print("Bot: Lo siento, no entiendo esa pregunta.")

chatbot()
```

🌑 Ejercicio 6.2: Sistema de Recomendación de Películas

■ Crea un sistema sencillo de recomendación de películas basado en una lista de opciones y permite que el usuario seleccione una opción.

■ Usa un diccionario para almacenar las películas y sus calificaciones.
Ejemplo de código:

```python
def recomendacion():
    peliculas = {
        "Inception": 5,
        "Titanic": 4,
        "The Matrix": 4,
        "Toy Story": 5,
        "Avatar": 3
    }

    print("¿Qué película te gustaría ver? Elige entre: Inception, Titanic, The Matrix, Toy Story, Avatar")
    seleccion = input("Tu elección: ")

    if seleccion in peliculas:
        print(f"Has elegido {seleccion} con una puntuación de {peliculas[seleccion]}.")
        recomendada = max(peliculas, key=peliculas.get)
        print(f"Te recomiendo ver {recomendada}, ¡tiene una puntuación de {peliculas[recomendada]}!")
    else:
        print("Esa película no está en nuestra lista.")

recomendacion()
```

◼ Capítulo 7: Desafíos y Ética en la IA

◼ ¿Qué aprenderás en este capítulo?

En este capítulo exploraremos los desafíos éticos y sociales que presenta la Inteligencia Artificial (IA). A medida que la IA se vuelve más poderosa, también aparecen problemas relacionados con la equidad, el empleo y la regulación.

7.1. Sesgos en la IA y Problemas Éticos

◼ ¿Qué es el sesgo en IA?

Un sesgo ocurre cuando un modelo de IA favorece o perjudica a ciertos grupos de manera injusta. Esto puede deberse a datos de entrenamiento desequilibrados o a diseños algorítmos que reflejan prejuicios humanos.

Por ejemplo, si un sistema de IA utilizado en contrataciones ha sido entrenado con datos en los que la mayoría de los empleados exitosos han sido hombres, podría aprender a favorecer a candidatos masculinos sobre las mujeres, perpetuando la desigualdad en el empleo.

◼ Ejemplos reales de sesgo en IA

El sesgo en IA no es un problema teórico; ha ocurrido en muchas situaciones del mundo real:

◼ Sistemas de selección de empleo: Un algoritmo de IA utilizado por una gran empresa tecnológica favorecía candidatos masculinos porque se entrenó con datos históricamente sesgados.

◼ IA en el sistema judicial: Algunos sistemas utilizados para predecir la reincidencia delictiva han demostrado tener prejuicios raciales, asignando mayor riesgo a personas de ciertos grupos étnicos.

■ Reconocimiento facial: Estudios han mostrado que las herramientas de reconocimiento facial tienen menor precisión para identificar personas de piel oscura, lo que puede llevar a errores graves en seguridad y vigilancia.

❢ Ejercicio: Investiga un caso real de sesgo en IA y cómo se corrigió

7.2. ■ IA y el Impacto en el Empleo
■ ¿Qué trabajos están en riesgo?

La IA y la automatización han reemplazado muchas tareas repetitivas y manuales. Algunas de las industrias más afectadas incluyen:

■ Fábricas y producción: Robots han reemplazado a operarios en tareas repetitivas y peligrosas.

■ Atención al cliente: Chatbots han reducido la necesidad de operadores humanos en servicios de soporte.

■ Periodismo y marketing: Herramientas de IA como ChatGPT pueden escribir artículos y anuncios publicitarios con calidad similar a la de un humano.

■ ¿Cuáles son las oportunidades?

Aunque la IA reemplaza algunos empleos, también crea nuevas oportunidades:

■ Ingenieros en IA: Diseñan y entrenan modelos de IA.

■ Científicos de datos: Analizan grandes volúmenes de información para obtener insights valiosos.

■ Especialistas en ética de IA: Desarrollan marcos éticos para garantizar que la IA se use de manera justa y responsable.

❢ Ejercicio: Piensa en tu profesión, ¿cómo podría la IA mejorar tu trabajo?

7.3. ▰ Regulaciones y el Futuro de la IA

▪ ¿Qué regulaciones existen?

Dado el impacto creciente de la IA en la sociedad, gobiernos y organizaciones han comenzado a implementar regulaciones para su uso responsable:

▪ Reglamento de la Unión Europea: Controla el uso de IA en vigilancia y reconocimiento facial para evitar abusos.

▪ Leyes en EE.UU.: Algunas empresas están obligadas a ser transparentes sobre cómo usan la IA para evitar discriminación algorítmica.

▪ Códigos de ética en IA: Organizaciones como OpenAI y Google han desarrollado principios éticos para garantizar que la IA se use de manera segura y justa.

▪ Ejercicio: Investiga qué leyes sobre IA existen en tu país

▰ Reflexión Final

La Inteligencia Artificial ofrece enormes beneficios, pero también plantea desafíos éticos, sociales y laborales. Es nuestra responsabilidad desarrollar y utilizar la IA de manera justa, inclusiva y regulada. A medida que esta tecnología siga evolucionando, será crucial encontrar un equilibrio entre innovación y responsabilidad.

🚀 ¿Qué opinas del futuro de la IA? Ética y tecnología deben ir de la mano.

Test Final: Inteligencia Artificial Básica

Sección 1: Introducción a la IA

1.¿Qué es la Inteligencia Artificial?
- o a) La capacidad de las máquinas para pensar y resolver problemas sin intervención humana.
- o b) El estudio de cómo hacer que las máquinas realicen tareas sin energía eléctrica.
- o c) Una máquina que puede realizar una sola tarea repetitiva.
- o d) Un conjunto de técnicas para hacer que las máquinas realicen operaciones matemáticas rápidamente.

2.¿Quién es considerado uno de los padres fundadores de la IA?
- o a) Alan Turing
- o b) Albert Einstein
- o c) Isaac Newton
- o d) Charles Darwin

3.¿Cuál de las siguientes opciones describe mejor la diferencia entre IA, Machine Learning y Deep Learning?
- o a) Machine Learning es un subconjunto de IA y Deep Learning es un tipo específico de Machine Learning.
- o b) IA y Machine Learning son lo mismo, y Deep Learning es solo un sinónimo de IA.
- o c) Deep Learning es una técnica de IA que no utiliza datos.
- o d) No hay diferencia entre IA, Machine Learning y Deep Learning.

Sección 2: Conceptos Fundamentales

4.¿Por qué los datos son importantes en IA?
- a) Los datos no son necesarios; lo que importa es la velocidad de procesamiento.
- b) Los datos son el combustible que alimenta los algoritmos y modelos de IA.
- c) Solo se necesitan datos para entrenar redes neuronales, no otros modelos.
- d) Los datos son irrelevantes, ya que las máquinas pueden aprender sin ellos.

5.¿Cuál es la principal diferencia entre el aprendizaje supervisado y no supervisado?
- a) El aprendizaje supervisado utiliza datos sin etiquetas, mientras que el no supervisado usa datos etiquetados.
- b) El aprendizaje supervisado necesita ejemplos etiquetados para aprender, mientras que el no supervisado no.
- c) En el aprendizaje supervisado, el modelo no realiza predicciones.
- d) El aprendizaje supervisado no requiere datos de entrenamiento.

6.El aprendizaje por refuerzo se basa en...
- a) Premiar al modelo por cada predicción correcta.
- b) Aprender de las interacciones con el entorno y recompensar o castigar acciones.
- c) Usar ejemplos etiquetados para aprender.
- d) Observar las interacciones entre humanos.

Sección 3: Primeros Pasos con IA

7.¿Qué herramienta es más comúnmente utilizada para programar en IA?
- o a) JavaScript
- o b) Python
- o c) PHP
- o d) C++

8.¿Cuál es la principal ventaja de usar Jupyter Notebook para trabajar con IA?
- o a) Es un entorno de programación exclusivo para machine learning.
- o b) Permite escribir y ejecutar código en bloques interactivos.
- o c) Solo puede ejecutarse en dispositivos móviles.
- o d) Es la herramienta más rápida para entrenar redes neuronales.

9.¿Qué hace la biblioteca Pandas en Python?
- o a) Realiza cálculos numéricos avanzados.
- o b) Visualiza datos en gráficos interactivos.
- o c) Proporciona estructuras de datos eficientes, como DataFrames, para el análisis de datos.
- o d) Proporciona herramientas para entrenar modelos de IA.

Sección 4: Introducción al Machine Learning

10.¿Qué es un modelo en Machine Learning?
- o a) Un conjunto de datos que se usan para entrenar un algoritmo.
- o b) Una máquina que aprende sola.
- o c) Una representación matemática de las relaciones entre las variables.
- o d) Un tipo de algoritmo que solo puede predecir el futuro.

11.¿Cómo funciona un árbol de decisión en Machine Learning?
- o a) Usa funciones matemáticas para generar predicciones.
- o b) Divide los datos en ramas basadas en decisiones binarias, como "sí" o "no".
- o c) Compara los datos con imágenes para hacer predicciones.
- o d) Realiza una clasificación con un solo dato de entrada.

12.¿Qué métrica básica se utiliza para evaluar el rendimiento de un modelo de clasificación?
- o a) Precisión
- o b) Tiempo de ejecución
- o c) Consumo de memoria
- o d) Número de parámetros del modelo

Sección 5: Redes Neuronales para Principiantes

13.¿Qué es una red neuronal?
- o a) Un algoritmo de clasificación que solo usa datos numéricos.
- o b) Un conjunto de algoritmos diseñados para reconocer patrones, inspirados en el cerebro humano.
- o c) Un tipo de base de datos que organiza información en redes.
- o d) Una técnica utilizada para crear gráficos interactivos.

14.¿Qué es una función de activación en una red neuronal?
- o a) Una operación matemática que ajusta los valores de salida de las neuronas.
- o b) Un algoritmo que calcula la precisión del modelo.
- o c) Un mecanismo para entrenar redes neuronales sin datos.
- o d) Un tipo de red neuronal especializada en la clasificación.

Sección 6: Aplicaciones Básicas de IA

15.¿Cómo funcionan los chatbots?
- o a) Analizan los mensajes del usuario y generan respuestas utilizando IA.
- o b) Solo repiten lo que se les dice.
- o c) Actúan como asistentes virtuales en lugar de generar respuestas automáticas.
- o d) Se conectan a bases de datos para ofrecer respuestas en tiempo real.

16.¿Qué hace un motor de recomendación en plataformas como Netflix?
- o a) Muestra contenido al azar.
- o b) Analiza los gustos del usuario y recomienda contenido similar.
- o c) Solo muestra las películas más populares.
- o d) Solo recomienda películas basadas en la puntuación de los usuarios.

17.¿Cuál es el objetivo de un proyecto de análisis de texto con NLP?
- o a) Clasificar texto según categorías como positivo o negativo.
- o b) Generar texto completamente nuevo sin entrada de datos.
- o c) Crear resúmenes automáticos de textos largos.
- o d) Convertir texto en imágenes.

Sección 7: Desafíos y Ética en la IA

18.¿Qué es un sesgo en IA?
- o a) Un error en los cálculos que puede afectar la precisión del modelo.
- o b) La tendencia de un modelo a hacer predicciones incorrectas debido a datos desequilibrados o prejuicios en los datos.
- o c) Una técnica para hacer que los modelos sean más rápidos.
- o d) El proceso de entrenamiento de un modelo sin datos.

19.¿Cómo podría la IA afectar al empleo?
- o a) Creando nuevas oportunidades de trabajo y eliminando trabajos repetitivos.
- o b) No afectará el empleo en absoluto.
- o c) Reduciendo la productividad.
- o d) Aumentando la cantidad de trabajo manual.

20.¿Por qué es importante regular la IA en el futuro?
- o a) Para asegurarse de que los modelos sean más complejos.
- o b) Para evitar que los modelos de IA tengan impactos negativos en la sociedad y garantizar su uso ético.
- o c) Para que las máquinas sean más inteligentes que los humanos.
- o d) Para aumentar la velocidad de los modelos de IA.

Respuestas del Test

1. a
2. a
3. a
4. b
5. b
6. b
7. b
8. b
9. c
10. c
11. b
12. a
13. b
14. a
15. a
16. b
17. a
18. b
19. a
20. b

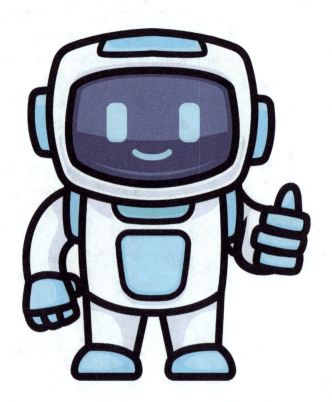

Apéndice: Fundamentos Básicos de Programación

Este apéndice está diseñado para quienes no tienen experiencia previa en programación o desean repasar conceptos fundamentales. Como la inteligencia artificial y el machine learning se basan en gran medida en la programación, es importante comprender los principios básicos antes de avanzar.

1. Conceptos Básicos

1.1 Variables y Tipos de Datos

Una variable es un espacio en la memoria donde almacenamos un valor. En Python, no es necesario especificar el tipo de dato, ya que el lenguaje lo asigna automáticamente.

Ejemplo:

```python
numero = 10  # Entero
texto = "Hola, mundo"  # Cadena de texto
pi = 3.14  # Flotante
es_valido = True  # Booleano
```

1.2 Operadores

Existen varios tipos de operadores en Python:

- Aritméticos: +, -, *, /, ** (potencia), % (módulo)
- Relacionales: >, <, >=, <=, ==, !=
- Lógicos: and, or, not

Ejemplo:

```python
resultado = 5 + 3  # Suma
comparacion = 10 > 5  # True
logico = (5 > 2) and (10 < 20)  # True
```

2. Estructuras de Control

2.1 Condicionales (if, elif, else)

Nos permiten ejecutar bloques de código según una condición.

Ejemplo:

```python
edad = 18
if edad >= 18:
    print("Eres mayor de edad")
elif edad == 17:
    print("Casi eres mayor de edad")
else:
    print("Eres menor de edad")
```

2.2 Bucles (for, while)

Los bucles nos permiten ejecutar un bloque de código varias veces.

Ejemplo de for:

```python
for i in range(5):
    print("Iteración", i)
```

Ejemplo de while:

```python
contador = 0
while contador < 5:
    print("Contador:", contador)
    contador += 1
```

3. Funciones

Las funciones nos permiten reutilizar código y hacerlo más organizado.

Ejemplo:

```python
def saludar(nombre):
    print("Hola,", nombre)

saludar("María")
```

4. Manejo de Errores

Python nos permite manejar errores con try-except para evitar que el programa se detenga abruptamente.

Ejemplo:

```python
try:
    numero = int(input("Introduce un número: "))
    print("El doble es:", numero * 2)
except ValueError:
    print("Error: Debes introducir un número válido")
```

5. Introducción a Python para IA

Python es el lenguaje más utilizado en inteligencia artificial debido a su facilidad de uso y su gran ecosistema de bibliotecas como numpy, pandas, scikit-learn y tensorflow.

Ejemplo de uso de una librería:

```python
import numpy as np
matriz = np.array([[1, 2, 3], [4, 5, 6]])
print(matriz)
```

Con estos conceptos, ya tienes una base sólida para avanzar en el mundo de la inteligencia artificial. Si necesitas profundizar, te recomendamos explorar cursos de Python o documentación oficial.

■ Glosario de Términos - IA para Principiantes

◆ **Algoritmo**: Conjunto de instrucciones que sigue una computadora para resolver un problema o realizar una tarea.

◆ Aprendizaje Automático (Machine Learning): Subcampo de la IA que permite a las máquinas aprender patrones a partir de datos sin ser programadas explícitamente.

◆ Aprendizaje Supervisado: Tipo de Machine Learning donde el modelo aprende a partir de datos etiquetados con respuestas correctas.

◆ Aprendizaje No Supervisado: Modelo de Machine Learning que encuentra patrones en datos sin etiquetas o respuestas predefinidas.

◆ Aprendizaje por Refuerzo: Tipo de aprendizaje donde un agente aprende mediante prueba y error, recibiendo recompensas o penalizaciones.

◆ Big Data: Conjunto de datos masivos y complejos que requieren herramientas especializadas para su almacenamiento y análisis.

◆ Bias (Sesgo): Distorsiones en un modelo de IA causadas por datos desequilibrados o incorrectos, que pueden llevar a decisiones injustas.

◆ Deep Learning: Rama del Machine Learning que utiliza redes neuronales profundas para procesar grandes volúmenes de datos y extraer patrones complejos.

◆ Dataset: Conjunto de datos utilizados para entrenar, evaluar o probar modelos de IA.

◆ Feature (Característica): Atributo o propiedad de un conjunto de datos que se usa para entrenar un modelo de Machine Learning.

◆ Inteligencia Artificial (IA): Campo de la informática que busca crear sistemas capaces de realizar tareas que normalmente requieren inteligencia humana.

◆ Modelo de IA: Representación matemática entrenada con datos para realizar predicciones o clasificaciones.

◆ Neurona Artificial: Unidad básica de una red neuronal inspirada en el funcionamiento de las neuronas biológicas.

◆ Overfitting (Sobreajuste): Ocurre cuando un modelo se ajusta demasiado a los datos de entrenamiento y no generaliza bien a datos nuevos.

◆ Python: Lenguaje de programación ampliamente usado en IA y Machine Learning debido a su simplicidad y grandes bibliotecas.

◆ Red Neuronal: Modelo computacional inspirado en el cerebro humano, compuesto por capas de neuronas artificiales.

◆ Regresión Lineal: Modelo estadístico que analiza la relación entre una variable dependiente y una o más variables independientes.

◆ TensorFlow: Biblioteca de código abierto desarrollada por Google para la implementación de modelos de Machine Learning y Deep Learning.

◆ Test Set (Conjunto de Prueba): Parte de un dataset utilizada para evaluar el rendimiento de un modelo después del entrenamiento.

◆ Training Set (Conjunto de Entrenamiento): Parte del dataset utilizada para entrenar un modelo de Machine Learning.

◆ Validación Cruzada: Técnica para evaluar modelos dividiendo el dataset en múltiples subconjuntos y probando el modelo en diferentes combinaciones.

◆ Visión por Computadora: Rama de la IA que permite a las computadoras interpretar y procesar imágenes y videos.

◆ Weights (Pesos): Valores numéricos dentro de una red neuronal que determinan la importancia de cada entrada en la salida final del modelo.

🎉 ¡Felicidades! Has completado el libro IA para Principiantes 🎉

Has dado el primer gran paso en tu aprendizaje sobre Inteligencia Artificial. Ahora, comprendes los conceptos fundamentales, has trabajado con datos, explorado algoritmos básicos y hasta has creado tus primeros modelos. Con estos conocimientos, ya eres capaz de:

■ Entender cómo funcionan los modelos de IA y su importancia.

■ Aplicar herramientas como Python, Pandas y Scikit-learn en pequeños proyectos.

■ Construir y evaluar modelos de Machine Learning básicos.

■ Conocer los desafíos éticos y la importancia de una IA responsable.

■ ¿Quieres seguir aprendiendo? Si deseas llevar tus conocimientos al siguiente nivel, te invitamos a leer el siguiente libro: IA Nivel Intermedio. En él, profundizarás en modelos más avanzados, mejorarás la optimización de tus modelos y aprenderás sobre redes neuronales convolucionales y procesamiento de lenguaje natural (NLP). ¡Sigue avanzando en tu camino hacia la maestría en IA!

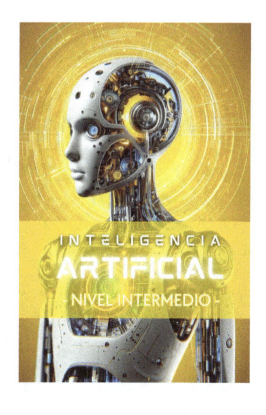

INTELIGENCIA ARTIFICIAL
- NIVEL INTERMEDIO -

"La inteligencia artificial no es el futuro, es el presente que ya está cambiando el mundo."

— *Stuart Russell, Profesor de Ciencias de la Computación en la Universidad de California, Berkeley.*

🙏 ¡Tu Opinión es Muy Importante!
Gracias por haber leído "Inteligencia Artificial - Nivel Básico". Espero que este libro te haya sido útil para comenzar tu camino en el mundo de la IA.
Si disfrutaste el contenido y te ayudó a aprender, te agradecería mucho que dejaras una reseña en Amazon. Tus comentarios no solo me ayudan a mejorar, sino que también permiten que más personas descubran este libro y se animen a aprender sobre Inteligencia Artificial.
✍ Dejar una reseña es muy fácil:
⬛ Ve a la página de Amazon donde compraste este libro.
⬛ Busca la sección de reseñas y haz clic en "Escribir una reseña".
⬛ Comparte tu opinión sincera sobre lo que más te gustó y en qué te ayudó.
Cada reseña, por pequeña que sea, hace una gran diferencia. 🕯✨

🚀 ¡Gracias por tu apoyo y feliz aprendizaje! 🚀

www.ingramcontent.com/pod-product-compliance
Lightning Source LLC
LaVergne TN
LVHW051644050326
832903LV00022B/887